essentials

essentials liefern aktuelles Wissen in konzentrierter Form. Die Essenz dessen, worauf es als „State-of-the-Art" in der gegenwärtigen Fachdiskussion oder in der Praxis ankommt. *essentials* informieren schnell, unkompliziert und verständlich

- als Einführung in ein aktuelles Thema aus Ihrem Fachgebiet
- als Einstieg in ein für Sie noch unbekanntes Themenfeld
- als Einblick, um zum Thema mitreden zu können

Die Bücher in elektronischer und gedruckter Form bringen das Expertenwissen von Springer-Fachautoren kompakt zur Darstellung. Sie sind besonders für die Nutzung als eBook auf Tablet-PCs, eBook-Readern und Smartphones geeignet. *essentials:* Wissensbausteine aus den Wirtschafts-, Sozial- und Geisteswissenschaften, aus Technik und Naturwissenschaften sowie aus Medizin, Psychologie und Gesundheitsberufen. Von renommierten Autoren aller Springer-Verlagsmarken.

Weitere Bände in der Reihe http://www.springer.com/series/13088

Manuela Maack-Schulze ·
Anna Lina Kauffmann · Tina Baß ·
Karin Agor · Rolf Kaestner ·
Hans-R. Hartweg

Betriebliches Gesundheitsmanagement in der Entwicklung

Perspektiven und Grenzen nationaler Gesundheitsförderungs- und Präventionsansätze

Manuela Maack-Schulze
Personal Dynamic GmbH
Toppenstedt, Deutschland

Tina Baß
Wiesbaden Business School
Hochschule RheinMain
Wiesbaden, Deutschland

Rolf Kaestner
Hamburg, Deutschland

Anna Lina Kauffmann
RW Fakultät, Universität Bayreuth
Bayreuth, Deutschland

Karin Agor
Regionaldirektion Nord
KNAPPSCHAFT
Hamburg, Deutschland

Hans-R. Hartweg
Wiesbaden Business School
Hochschule RheinMain
Wiesbaden, Deutschland

ISSN 2197-6708   ISSN 2197-6716   (electronic)
essentials
ISBN 978-3-658-29694-0   ISBN 978-3-658-29695-7   (eBook)
https://doi.org/10.1007/978-3-658-29695-7

Die Deutsche Nationalbibliothek verzeichnet diese Publikation in der Deutschen Nationalbibliografie; detaillierte bibliografische Daten sind im Internet über http://dnb.d-nb.de abrufbar.

Planung/Lektorat: Margit Schlomski
Springer Gabler ist ein Imprint der eingetragenen Gesellschaft Springer Fachmedien Wiesbaden GmbH und ist ein Teil von Springer Nature.
Die Anschrift der Gesellschaft ist: Abraham-Lincoln-Str. 46, 65189 Wiesbaden, Germany

Was Sie in diesem *essential* finden können

- Einen Überblick über die betrieblichen Ansätze der Gesundheitsförderung und Prävention im gesetzlichen Sozialversicherungssystem
- Ausführliche Darstellungen zur Entwicklung und Umsetzung entsprechender Ansätze für die gesetzliche Krankenversicherung
- Aussagen zu einer Auswertung einer durchgeführten Befragung zu ausgesuchten Schwerpunktthemen der betrieblichen Gesundheitsförderung und Prävention

Vorwort

Die Analyse der nationalen Gesundheitspolitik der letzten Jahre zeigt, dass die Finanzmittel für betriebliche Gesundheitsförderungs- und Krankheitsverhütungsansätze deutlich aufgestockt wurden. Diese Ausarbeitung befasst sich einerseits mit den Schwerpunkten dieser Ansätze und soll andererseits die rechtlichen Betreuungsmöglichkeiten für die Erwerbstätigen beleuchten. Im Rahmen der Analyse erfolgt auch eine empirische Untersuchung, die zum Verständnis der genannten Effekte beitragen soll. Um empirische Parameter für diese Ausarbeitung zu erhalten, wurde auf qualitative Forschung (in Form der Interviewmethode) abgestellt. Für die Interviews wurde ein zuvor erstellter Interviewleitfaden verwendet. Die Fragen umfassen verschiedene Themen bereits oder zukünftig praktizierter Gesundheitsförderung und Präventionsmöglichkeiten sowie soziodemografische Parameter der befragten Fokusgruppe. Um einen Überblick über die verschiedenen Ansätze des gesetzlichen Sozialversicherungssystems zu geben, wird in dieser Studie gezeigt, dass arbeitnehmerbezogene Gesundheitsförderungs- und Präventionsansätze in ganz verschiedenen Rechtsvorschriften der Sozialversicherung enthalten sind. Dabei spielt es keine Rolle, ob diese obligatorisch oder freiwillig oder aber ob diese arbeitgeberseitig oder arbeitnehmerseitig ausgerichtet sind. Anhand der mit 20 Probanden geführten Interviews wird einerseits ein Vergleich mit aktuellen Veröffentlichungen und andererseits der Vergleich mit den gesetzlichen Möglichkeiten gegeben. Für Erwerbstätige in Deutschland stehen nun noch mehr Möglichkeiten der Betrieblichen Gesundheitsförderung und Prävention zur Verfügung. Basierend auf dieser Umfrage konnten die Hauptstoßrichtungen für die meisten dieser Ansätze identifiziert werden. Viele der Befragten belegten auch Aktivitäten im Umgang mit Balance-Ansätzen, Kompensations-/Resilienzstrategien und einer Veränderung ihres Lebensstils.

Inhaltsverzeichnis

Abbildungsverzeichnis

Einführung

1

Die Erwerbsgruppen nehmen in der deutschen Sozialversicherung[1] eine zentrale Rolle ein (vgl. § 5 SGB V, § 1 SGB VI, § 2 SGB VII oder aber § 20 SGB XI) und stehen damit nicht nur finanzierungs- sondern auch leistungsseitig im Mittelpunkt des Systems der Absicherung gegen (potenziell) eintretende Existenzbedrohungen. Grund genug, sich in dieser Ausarbeitung den Ansätzen zur Gesundheitsförderung und Prävention für diesen Personenkreis[2] zu widmen. Dem Präventionsbericht 2018 kann dabei entnommen werden, dass allein die Krankenkassen rd. 158 Mio. EUR für die Betriebliche Gesundheitsförderung ausgegeben haben. Mit diesen Finanzmitteln wurden ca. 1,85 Mio. Menschen bzw. etwas mehr als 17.500 Betriebe versehen. Im 10-Jahresvergleich konnten 35 % mehr Betriebe und 29 % mehr Beschäftigte erreicht werden. Über diese Mittel hinaus können die Versicherten der gesetzlichen Krankenversicherung auch individuelle Präventionsangebote in Anspruch nehmen. Hier sind insgesamt 1,67 Mio. Kursteilnahmen zu verzeichnen, die bei den Krankenkassen zu knapp 208 Mio. EUR Leistungsausgaben[3] in diesem Bereich führten (GKV-Spitzenverband sowie Medizinischer Dienst des Spitzenverbandes Bund der Krankenkassen 2018).

---

[1]Es existiert eine ganze Reihe von unterschiedlichen Ansätzen zur Gesundheitsförderung und Prävention, die die nationale Sozialgesetzgebung bereithält. Einer der Ankerpunkte für diese Gesetzgebung stellt die überwiegend Mitte 2015 in Kraft getretene Artikelgesetzgebung in Form des Präventionsgesetzes (PrävG) dar. Viele der dort genannten Ansätze gingen zu diesem Zeitpunkt in die unterschiedlichen Sozialgesetzbücher ein.

[2]Aus Gründen der besseren Lesbarkeit wird auf die gleichzeitige Verwendung männlicher, weiblicher oder diverser Sprachformen verzichtet. Sämtliche Personenbezeichnungen gelten damit gleichermaßen für alle Geschlechter.

[3]Die vorgenannten allesamt auf das Berichtsjahr 2017.

M. Maack-Schulze et al., *Betriebliches Gesundheitsmanagement in der Entwicklung*, essentials, https://doi.org/10.1007/978-3-658-29695-7_1

1.1 Ziele der Untersuchung

Die Trends lassen sich hier lediglich für die gesetzliche Krankenversicherung ableiten. Doch auch in den anderen Sozialgesetzbüchern sind durchaus Möglichkeiten verankert, erwerbsgruppenzentrierte (häufig „betriebliche" genannt) Präventions- und Gesundheitsförderprogramme zu etablieren. Deswegen scheint es geboten, die gesetzgeberischen Möglichkeiten auszuleuchten. Ferner ist die inner- und ggf. außerbetriebliche Umsetzung dieser Programme nicht trivial, sodass hier typische Ziele und Umsetzungsstrategien herausgearbeitet werden sollen. Als weiteres Ziel sollen konkrete Betreuungs- und Förderbedarfe aber auch -potenziale für die Erwerbstätigen identifiziert und auf Basis vorliegender Berichterstattung abgeglichen werden. Die von den befragten Probanden erhaltenen Merkmale sollen soziodemografisch ausgewertet werden. Zudem soll ein Fokus auf mögliche, von den Befragten selbst praktizierter Kompensations- und Resilienzstrategien gelegt werden. Zu guter Letzt sollen die sich manifestierenden Fördermöglichkeiten für diesen Personenkreis mit den aufgrund der Befragung gewonnenen Erkenntnisse abgeglichen werden.

Diese Ziele sollen in der Übersicht (Abb. 1.1) noch einmal anschaulich zusammengefasst werden.

1. Darstellung der gesetzgeberischen Möglichkeiten, Gesundheits- und Präventionsansätze für Erwerbstätige zu etablieren

2. Abgleich konkreter, identifizierter Betreuungs- und Förderbedarfe und -potenziale auf Basis vorliegender Berichterstattungen

3. Auswertung soziodemografischer Merkmale der befragten Probanden

4. Identifikation und Ableitung möglicher, von den Befragten selbst praktizierter Kompensations- und Resilienzstrategien

5. Abgleich der sich in den dargestellten Sozialversicherungszweigen manifestierenden Fördermöglichkeiten mit den aufgrund der Befragung gewonnenen Ergebnissen

Abb. 1.1 Ziele dieser Untersuchung zu den betrieblichen Gesundheitsförderungs- und Präventionsansätzen. (Eigene Darstellung)

1.2 Gang der Untersuchung

Über die Identifikation der gesetzgeberischen Möglichkeiten, Gesundheits- und Präventionsansätze für Erwerbstätige zu etablieren, hinaus wird mit Hilfe der Interviewmethode ein offener (qualitativer) Forschungsansatz gewählt, um konkrete Betreuungs- und Förderbedarfe und -potenziale identifizieren und analysieren zu können. Dabei sollen – dem Ziel empirischer Sozialforschung folgend – die in diesem Setting inner- und ggf. außerbetrieblich anstehenden Planungs- und Entscheidungsroutinen auf Basis der wissenschaftlich gewonnenen Ergebnisse begleitet werden. Die gewählte Methode soll helfen, Einstellungen der befragten Probanden, sich manifestierende Handlungsmuster sowie ggf. zu wählende Optionen zu erfassen und zu verstehen (Häder 2015). Konkret wurde im Rahmen dieser Ausarbeitung auf eine Einzelbefragung mittels eines zuvor festgelegten Interviewleitfadens zurückgegriffen. Diese auf die frühen 1980er Jahre zurückgehende Methode soll neben den Wahrnehmungen und Erfahrungen auch die beiläufigen Gedanken der befragten Probanden beflügeln, um ggf. auch erweiterte Fragestellungen zu ergründen (Bortz und Döring 2007). Dazu wurde ein Set offener Fragen[4] ersonnen, die direkt an die Probanden gerichtet wurden. Die Interviews sind sozialwissenschaftlich als halbstandardisierte Fragestellungen einzuordnen, bei denen keine festen Dimensionierungen oder aber Antwortkategorien vorgegeben sein sollten. Die derart gewonnenen Erkenntnisse sollen aufgrund veröffentlichter Berichte mit bestehenden Angeboten abgeglichen werden. Ferner werden wesentliche, soziodemografische Parameter der interviewten Probanden erfasst und ausgewertet und es soll bei der Befragung die Identifikation, Beschreibung und Ableitung möglicherweise kompensatorisch wirkender Balancemanagement- und Resilienzstrategien gelingen.

---

[4]Ein Teil der offenen Fragen wurde dabei aus den später dargestellten Gründen mit geschlossenen Fragen eingeleitet.

Betriebliche Ansätze der Gesundheitsförderung und Prävention im gesetzlichen Sozialversicherungssystem

2

Die nationalen Sozialversicherungssysteme halten unterschiedliche Ansätze für die Gesundheitsförderung und Prävention in den Betrieben bereit. Diese sollen nachfolgend vorgestellt werden.

2.1 Unfall-, Renten- und Pflegeversicherung sowie Regelwerk für Menschen mit Behinderung

Nachfolgend sollen zunächst die Ansätze der gesetzlichen Unfall- und Rentenversicherung, die der sozialen Pflegeversicherung und zudem die Regeln für Menschen mit Behinderung beschrieben werden, bevor dann die Maßnahmen der gesetzlichen Krankenversicherung mit ihren Regelungen im Fünften Sozialgesetzbuch (SGB V) vorgestellt werden. Dabei sind die zentralen Regeln des Präventionsgesetzes (PrävG)[1] zu beachten, denen nach die Sozialversicherungsträger u. a. eine Nationale Präventionskonferenz zu besetzen hatten und eine Nationale Präventionsstrategie erarbeiten sollten. In diesem Zusammenhang sind auch auf einer übergeordneten, nationalen Ebene Selbsthilfegruppen finanziell zu fördern sowie die Arbeit der Bundeszentrale für gesundheitliche Aufklärung (BzgA) durch Zuschüsse zu unterstützen (§ 20 d-e SGB V) (GKV-Spitzenverband, Soziale Pflegeversicherung: GKV-Spitzenverband als Spitzenverband Bund der Pflegekassen, Deutsche Gesetzliche Unfallversicherung und Sozialversicherung

---

[1]Einer der Ankerpunkte für diese Gesetzgebung stellt die überwiegend Mitte 2015 in Kraft getretene Artikelgesetzgebung in Form des Präventionsgesetzes (PrävG) dar. Viele der dort genannten Ansätze gingen zu diesem Zeitpunkt in die einzelnen Sozialgesetzbücher ein.

für Landwirtschaft, Forsten und Gartenbau sowie Deutsche Rentenversicherung Bund 2018). Über diese generellen Ansätze hinaus sollen nun nachfolgend die einzelnen Sozialversicherungszweige betrachtet werden.

2.1.1 Regelwerk der gesetzlichen Unfallversicherung

Die gesetzliche Unfallversicherung nimmt neben der zuvor genannten Beteiligung an der Nationalen Präventionskonferenz sowie der Nationalen Präventionsstrategie auch eigene Aufgaben im Rahmen der Gesundheitsförderung und Prävention wahr. So sind die Unfallversicherungsträger zur Zusammenarbeit mit den Krankenkassen zur Verhütung arbeitsbedingter Gesundheitsgefahren verpflichtet, beteiligen sich an der nationalen Arbeitsschutzgesetzgebung und Präventionsstrategie und unterstützen bei der Erfüllung der Präventionsaufgaben (vgl. § 14 SGB VII). Zudem kann die Unfallversicherung autonomes Recht (bspw. für Unfallverhütungsvorschriften oder Erste Hilfe) setzen, soweit diese zur Prävention geeignet und erforderlich sind und staatliche Arbeitsschutzvorschriften hierüber keine Regelungen treffen (vgl. § 15 SGB VII).

2.1.2 Regelwerk der gesetzlichen Rentenversicherung

Die gesetzliche Rentenversicherung kann auf freiwilliger, individueller, berufsbezogener Basis Gesundheitsvorsorge für Versicherte ab Vollendung des 45. Lebensjahres trägerübergreifend in Modellprojekten erproben (vgl. § 14 Abs. 3 SGB VI). Zudem können für ambulante Leistungen zur Prävention und Nachsorge Leistungen im Einzelfall (ggf. inkl. der Fahrkosten) bewilligt werden (vgl. § 28 Abs. 2 SGB VI). Weitere (sonstige) Leistungen können sich auf die Eingliederung von Versicherten in das Erwerbsleben bzw. auf die onkologische Nachsorge beziehen (vgl. § 31 SGB VI).

2.1.3 Regelwerk der sozialen Pflegeversicherung

Ansätze, die über die Gesundheitsförderung für Pflegebedürftige hinaus auch direkt auf Erwerbstätige zielen, sind in den gesetzlichen Bestimmungen zur sozialen Pflegeversicherung bis dato nicht zu finden (vgl. § 5 SGB XI). Hier sind allerdings die jüngsten gesundheitspolitischen Vorstöße zu beachten, zu denen später noch ausgeführt wird.

2.1.4 Regeln zur Rehabilitation und Teilhabe von Menschen mit Behinderung

Menschen mit Behinderung haben auch und gerade in Fragen der Gesundheits-förderungs- und Präventionsansätze einen besonderen Status. Bei allen personen-, verhaltens- oder betriebsbedingten Schwierigkeiten im Beschäftigungsverhältnis, die zu einer Gefährdung der Tätigkeit führen können, hat der Arbeitgeber unmittelbar Maßnahmen zu ergreifen, um diese Gefahren abzuwehren. So soll der Arbeitsplatz möglichst lange erhalten bleiben. Die Maßnahmen können durch externe Kostenträger gefördert werden.

2.2 Gesetzliche Krankenversicherung

2.2.1 Herleitung des BGM

Einen großen Teil ihrer Lebenszeit verbringen erwerbstätige Menschen an ihren Arbeitsplätzen. Somit scheint es mehr denn je angezeigt, die Ansätze des Betrieb-lichen Gesundheitsmanagements (BGM) noch stärker in das Fünfte Sozialgesetz-buch aufzunehmen bzw. dessen Bedeutung weiter zu unterstreichen. Grund dafür ist, dass die Arbeitsbedingungen einen erheblichen Einfluss auf die körperliche und psychische Gesundheit haben (DAK Gesundheit 2018). So wird im § 20 b SGB V zur betrieblichen Gesundheitsförderung bestimmt, dass die Kranken-kassen Leistungen zur Gesundheitsförderung in Betrieben fördern. Neben den dazu einzubeziehenden Akteuren wird in puncto Leistungserbringung der ver-haltensbezogenen Prävention explizit auf eine „medizinische Angezeigtheit" ver-wiesen (vgl. § 20 Abs. 5 SGB V in Verb. m. § 25 Abs. 1 Satz 2 SGB V und § 26 Abs. 1 Satz 3 SGB V). Zur Wahrnehmung der Aufgaben gehört danach auch – wie zuvor dargestellt – eine Zusammenarbeit mit den Trägern der gesetzlichen Unfallversicherung sowie den für Arbeitsschutz zuständigen Landesbehörden.

2.2.2 Entwicklung des BGM

Das BGM bezieht sich auf unterschiedliche inner- ggf. aber auch überbetrieb-liche Maßnahmen, die auf die Ausgestaltung, Steuerung und Entwicklung betrieblicher Strukturen und Prozesse abzielen. Die Maßnahmen sind darauf ausgerichtet, eine Gesundheitsförderung zu bewirken. Der Ansatz des BGM geht auf die Charta zur Gesundheitsförderung, die im Jahr 1986 im kanadischen

Ottawa aus der ersten, Internationalen Konferenz zur Gesundheitsförderung unter Schirmherrschaft der WHO hervorging, zurück. Die Ottawa-Charta ist damit eng mit der damaligen WHO-Strategie „Gesundheit für alle" verknüpft. Diese Strategie fußt auf ganzheitlichen Ansätzen für das Privat- und Berufsleben und sollte die Bevölkerung zu einem selbstbestimmten Umgang mit ihrer Gesundheit sowie zu einer gesundheitsfördernden Gestaltung der Lebenswelten und Gesundheitsdienste befähigen. Nachdem 1996 ein ganzheitlicher Arbeitsschutz vorgeschrieben wurde, zu dem dann auch Ansätze der betrieblichen Gesundheitsförderung, einer verbesserten Führungskultur, Maßnahmen zur Vereinbarkeit von Privat- und Berufsleben sowie Aufgaben der altersgerechten Arbeitsgestaltung gehörten, gelang eine noch wesentlich weitreichendere Definition des BGM-Ansatzes (Petzi und Kattwinkel 2016).

2.2.3 Ansatz und Ziele des BGM

Im Zentrum des Ansatzes steht damit die Ausgestaltung der Arbeitsplätze, um die von den Arbeitnehmern zu leistenden Verrichtungen in einem organisatorisch aber auch verhaltensbezogenen Kontext gesundheitsförderlich zu gestalten. Die derart getroffenen Maßnahmen sollen damit in gleicher Weise auf das Unternehmen wie auch auf die Belegschaft wirken. Zu den wesentlichen Aufgaben des Gesundheitsmanagements, egal ob dieses innerbetrieblich etabliert oder aber auch extern beauftragt wurde, gehört es damit, bereits ergriffene Maßnahmen des Betriebs zu analysieren, die Maßnahmen zu strukturieren, geschickt miteinander zu verknüpfen, um diese dann an die Belegschaft so zu kommunizieren, dass die Empfehlungen auch die intendierten Erfolge erreichen können (Runde und Tenberge 2016).

Ein auf die Bedürfnisse der Belegschaft aber auch auf die des Betriebes fokussierendes BGM zeichnet sich dadurch aus, dass mit wahrnehmbar guten Arbeitsbedingungen auch die Lebensqualität am Arbeitsplatz nachhaltig gefördert wird (Berger und Nolten 2019). Dies sollte mit einer Stärkung der Gesundheit des Humankapitals und damit mit einer größeren Motivation einhergehen (Englert 2019). Damit dürften nicht nur eine höhere Qualität, eine verbesserte Produktivität sondern auch ein Innovationsschub im Betrieb erreicht werden. Das Unternehmensumfeld nimmt ein derart verändertes Arbeitgeberimage wahr. Derartige Möglichkeiten eröffnen gerade auch mit Blick auf den sich vollziehenden demografischen Wandel – mit der zukünftigen Ausprägung eines Fachpersonalmangels – Erfolgspotenziale bei der Gewinnung neuer Fach- und Führungskräfte (Lange 2019). Ziele und Gestaltungsoptionen des BGM ranken sich dabei um vielschichtige Themen. Zu ihnen gehören der Arbeitsschutz, die betriebliche Gesundheitsförderung (BGF), das Management rund um festgestellte Fehlzeiten, die mit bewusstseins- und wahrnehmungsverändernden Substanzen verbundene Prävention, das Notfall- und Krisenmanagement in speziellen Lebenslagen und nicht zuletzt auch die nicht selten eng mit Maßnahmen des Personalmanagements verbundene Personal- und Organisationsentwicklung. Um diese Ziele angehen zu können, bedarf es einer umfassenden Strategie, die mit den unterschiedlichen Anspruchsgruppen abzustimmen sind (Braun und Nürnberg 2018).

Umsetzung eines betrieblichen Ansatzes 3

Nachdem zuvor die unterschiedlichen Ansätze der jeweiligen Sozialversicherungszweige beleuchtet wurden, soll nun das Augenmerk auf die konkrete Realisierung der Maßnahmen gelegt werden. Dazu gehören Aspekte der Strategieentwicklung, der Umsetzung, der Blick auf die Akteure und die Kommunikation der Maßnahmen.

3.1 Strategieentwicklung des BGM

Um eine solche passungsfähige Strategie für den Betrieb zu entwickeln, können die Maßnahmen des BGM auch in andere bereits bestehende Managementsysteme eingebettet werden. Zu nennen sind hier ggf. bereits innerbetrieblich etablierte Qualitäts- oder Umwelt-/Energiemanagementverfahren sowie die bereits im Rahmen des Arbeitsschutzes vorgegebenen Anweisungen. Bei der Strategieentwicklung sollte auf die Säulen des BGF (vgl. Abb. 3.1) geachtet werden.

3.1.1 Konkrete Umsetzungsschritte des Betriebliches Gesundheitsmanagement (BGM)

Konkrete Umsetzungsschritte innerhalb einer BGM-Strategie beziehen sich auf eine umfassende Bestandsaufnahme, eine darauffolgende Analyse und die sich daran anschließende konkrete Umsetzung der Maßnahmen.

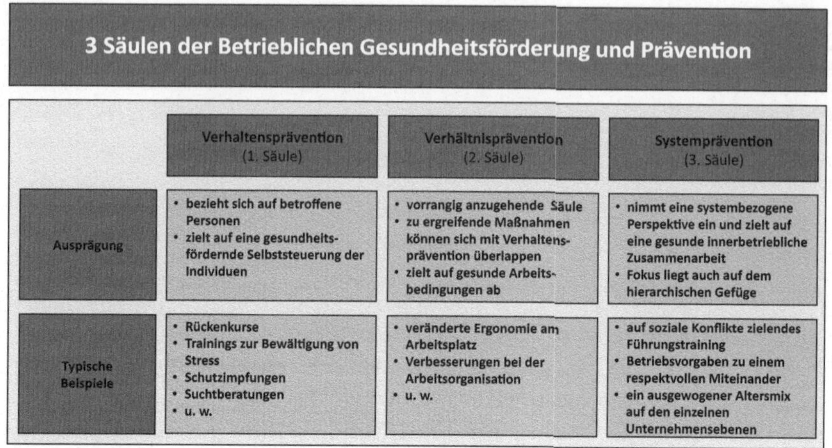

	Verhaltensprävention (1. Säule)	Verhältnisprävention (2. Säule)	Systemprävention (3. Säule)
Ausprägung	• bezieht sich auf betroffene Personen • zielt auf eine gesundheitsfördernde Selbststeuerung der Individuen	• vorrangig anzugehende Säule • zu ergreifende Maßnahmen können sich mit Verhaltensprävention überlappen • zielt auf gesunde Arbeitsbedingungen ab	• nimmt eine systembezogene Perspektive ein und zielt auf eine gesunde innerbetriebliche Zusammenarbeit • Fokus liegt auch auf dem hierarchischen Gefüge
Typische Beispiele	• Rückenkurse • Trainings zur Bewältigung von Stress • Schutzimpfungen • Suchtberatungen • u. w.	• veränderte Ergonomie am Arbeitsplatz • Verbesserungen bei der Arbeitsorganisation • u. w.	• auf soziale Konflikte zielendes Führungstraining • Betriebsvorgaben zu einem respektvollen Miteinander • ein ausgewogener Altersmix auf den einzelnen Unternehmensebenen

Abb. 3.1 Säulen der Betrieblichen Gesundheitsförderung und Prävention. (Eigene Darstellung)

Bestandsaufnahme

Für die Vielschichtigkeit möglicher gesundheitsfördernder Ansätze stehen eine ganze Reihe von Beispielen, u. a. ein betriebliches Eingliederungsmanagement, „Gesundheit" als explizites Organisationsziel, gesetzliche aber auch darüber hinausgehende, vom Arbeitgeber finanzierte Maßnahmen des Arbeits- und Gesundheitsschutzes bzw. der Gesundheitsförderung (ggf. in Form von Kursen für Rückenschulen, Betriebssportgruppen, usw.), ein als „gut" bezeichnetes Betriebsklima, ein ausgewogenes Speisenangebot in der Kantine, unzählige Maßnahmen der Personalentwicklung und nicht zuletzt flexible Arbeitszeitmodelle. Um einen möglichst wirksamen Ansatz zum BGM zu etablieren, bedarf es zunächst einer Bestandsaufnahme, in der solche und darüber hinaus gehende Optionen und Abläufe zu einer Übersicht gelistet werden (Klein 2014).

Analyse im Rahmen des BGM

Nach der Bestandsaufnahme folgt sodann die Analyse der Maßnahmen. Relevante Instrumente dazu sind die Gefährdungsbeurteilung, die sich auf Maßnahmen des Arbeitsschutzes und der psychischen sowie physischen Belastungen am Arbeitsplatz beziehen. Im Betrieb werden der Personalabteilung bzw. den mit entsprechenden Aufgaben betrauten Mitarbeitern in aller Regel Daten über die Fehlzeiten der einzelnen Mitarbeiter vorliegen. Zudem können aus den Personalbestandsdaten biometrische Merkmale der Belegschaft ausgelesen werden. Ggf. liegen darüber hinaus weitere Erkenntnisse aus bereits stattgefundenen Konferenzen, Treffen oder aber

Workshops vor, in denen entsprechende Themen diskutiert wurden. Zudem bieten sich explorative Analysen in Form von Befragungen der Belegschaft an (Scholz et al. 2018). So vielfältig die unterschiedlichen Analysemethoden daherkommen, so komplex wird es sein, die unterschiedlichen Datensätze zu erstellen. In der Folge bedarf es deswegen einer Verdichtung der Variablen. Derart sollen in der Organisation Handlungsoptionen, Veränderungsbedarfe und problematische Themenfelder identifiziert werden, um daraus wirksame Maßnahmen abzuleiten.

Umsetzung des BGM
Nach diesen beiden notwendigen Schritten wird unter Rückgriff auf stufenweise zu etablierende, aus dem Projektmanagement bekannte Maßnahmen ein passungsfähiges BGM aufgesetzt. Herausfordernd ist es dabei, das Projekt so zu initiieren, dass es dabei sowohl in die betriebliche Organisation wie auch in die gängigen Managementsysteme integriert wird. Es empfiehlt sich zunächst nur auf ausgewählte praktische Aktionen abzustellen und damit die Einführung einzuleiten (Schaff 2018). Die nachhaltige Veränderung der Firmenkultur, die Beteiligung der Belegschaft sowie der innerbetrieblichen Interessenvertretung werden dabei zu unabdingbaren Erfolgsfaktoren (Berger und Nolten 2019). Bereits existierende, betriebliche Maßnahmen des Arbeitsschutzes und der Arbeitsmedizin sind in Umsetzungsmaßnahmen einzubeziehen. Den Regeln der kontinuierlichen Verbesserungsprozesse (KVP) folgend sollte fortwährend geprüft und bewertet werden, ob die ergriffenen Maßnahmen mit den zuvor definierten Zielen korrespondieren (Walter 2007).

3.2 Akteure und Kommunikation der Maßnahmen

3.2.1 Akteure

Ähnlich wie die im Rahmen der Bestandsaufnahme anzutreffende Vielschichtigkeit der Beispiele für die Maßnahmen ist es keineswegs trivial, die konkreten Akteure des Betrieblichen Gesundheitsmanagements zu identifizieren. Diese können aufseiten der Unternehmensleitung, der Personalabteilung, der Mitarbeiterinteressenvertretung (in Form von Betriebs- oder Personalrat), aufseiten des Betriebsärztlichen Dienstes (BÄD) und/oder bei den für die Arbeitssicherheit zuständigen Fachkräften angetroffen werden. Aufbauorganisatorisch kann sich der Reigen dabei auf einzelne Mitarbeiter, auf einige wenige, ggf. sogar im Betrieb verstreute Stellen oder ganze Abteilungen beziehen. Es kann hilfreich sein, auf externe Beratung und Unterstützung zurückzugreifen, die ohne auf betrieblich eingeschliffene, ggf. sich bereits informell gebildete Strukturen und Abläufe einen ungetrübten Blick auf das Gefüge richten können (Berger und Nolten 2019). Über eine Einbettung in die betrieblichen Qualitätssicherungssysteme hinaus können so auch auf Schulungsangebote (bspw. zu den rechtlichen Rahmenbedingungen), auf Führungskräftetrainings und/oder erweiterte Coaching- oder Moderationsangebote zurückgegriffen werden.

3.2.2 Kommunikation der Maßnahmen

Die Vielzahl potenzieller Akteure führt zu ganz unterschiedlichen Ideen und Ansätzen, die evtl. der Belegschaft nur zu einem Bruchteil bekannt sind. Hier ist anzunehmen, dass nicht die Masse von weitestgehend unbekannten oder für die Belegschaft nicht zu identifizierenden Maßnahmen sondern die erfolgreiche Kommunikation der ergriffenen Aktionen über die spätere Zielerreichung der Angebote entscheidet (Loosen 2018). Eine zielgerichtete, anspruchsgruppengerechte Kommunikation der BGM-Maßnahmen ist deswegen unerlässlich. Je nach den im Betrieb vorhandenen Kommunikationskanälen, zu denen das Intranet (ggf. auch Internet), regelmäßige Mitarbeiter-Mailings oder Flyer, Poster an zentralen Treffpunkten der Belegschaft oder aber die Mitarbeiterzeitschrift zählen, können hier Ansprachen erfolgen bzw. Informationen weitergegeben werden. Bei der Planung aller BGM-Maßnahmen sollte deswegen auch an die Entwicklung eines wirksamen Kommunikationskonzeptes gedacht werden. Dies gilt es, mit ähnlicher Akribie wie die einzelnen Maßnahmen selbst zu planen. Eine erfolgreiche betriebsinterne Kommunikation macht nicht nur die Angebote transparent und fördert damit die erwarteten Partizipationsquoten, sondern es werden zugleich auch Hemmnisse gegenüber dem BGM abgebaut und Führungskräfte reagieren auf Mitarbeiter, die ihren Teilnahmewunsch signalisieren, mit höherer Sensibilität. Die unternehmensexterne Kommunikation hat das Potenzial, das Unternehmen für neue Mitarbeiter und Führungskräfte auch nach außen attraktiv darzustellen (Ruppi-Lang 2018).

Qualitative Befragung zum BGM 4

Nach der nun erfolgten Einordnung der betrieblichen Gesundheitsförderungs- und Präventionsansätze über die verschiedenen Sozialversicherungszweige hinweg sollen in den folgenden Kapiteln die inner- und außerbetrieblichen Planungsprozesse mittels empirischer Sozialforschung eine wissenschaftliche Unterstützung erfahren. Dazu sollen nachfolgend die Gruppe der interviewten, die thematischen Schwerpunkte der Befragung nebst Ablauf und Grenzen der gewählten Methode sowie eine aggregierte Auswertung der aufgenommenen Aussagen vorgestellt werden. Die an die Gruppe gerichteten Fragen bezogen sich auf unterschiedliche Themenblöcke, zu denen unter anderem gegenwartsbezogene in einer Konstellation aber auch zukünftige sowie retrospektive Wahrnehmungen gehörten. Da sich keine der befragten Personen den Antworten entziehen wollte, wurden derart insgesamt 20 vollständige Datensätze im I. Quartal 2018 erhoben.

4.1 Interviewte Probanden

4.1.1 Soziodemografische Merkmale der befragten Probanden

Insgesamt wurden in dem beschrieben Zeitraum 20 Personen (N = 20, n = 20) befragt. Von den 20 befragten Personen waren 15 Personen männlich und 5 Person weiblich. Dies entspricht einer Geschlechterverteilung von 75 % zu 25 %, da keine der befragten Personen dem diversen Geschlecht zuzuordnen war. Das Durchschnittsalter der Befragten betrug 48,2 Jahre. Dabei war die jüngste, befragte Person 28 Jahre bzw. die älteste Person 59 Jahre alt. Von den insgesamt 20 Probanden hatten 2 den Familienstand ledig, 15 Person lebten in einer Partnerschaft (verheiratet oder zusammenlebend) und 3 Personen waren geschieden. 10 der 20 befragten Personen hatten eigene Kinder; die übrigen 10 demnach keine. Alle befragten Personen hatten die deutsche Nationalität und keinen Migrationshintergrund. Die Personen waren überwiegend der Metropolregion Hamburg und dessen Umland zuzuordnen. Dort lag der Schwerpunkt der Befragung. Vom Bildungsstand her verfügten 80 % der befragten Personen (16 von 20) über einen Schulabschluss, der zum Besuch einer Universität oder Hochschule berechtigen würde. Nur 4 der Befragten hatten andere Schulabschlüsse. Die Probanden hatten überwiegend einen abhängigen Erwerbsstatus. Dabei waren 14 der befragten Personen der Berufsgruppe der abhängig Beschäftigten zuzurechnen, 3 Personen waren als Beamte bei öffentlichen Dienstgebern tätig, 2 Freiberufler waren zu nennen und bei 1 Person gab es keine Angabe. Damit waren rund 70 % der Gruppe der abhängig Beschäftigten zuzurechnen. Im Durchschnitt erhielten die Personen ein Bruttoeinkommen in Höhe von 6575,- EUR pro Jahr. Fast alle Befragten (19 von 20) gaben an, sich nach ihrer eigenen Wahrnehmung einer guten Gesundheit zu erfreuen. Nur in 1 Fall gab es keine Angabe dazu.

4.1.2 Querschnittsmerkmale der befragten Gruppe

Damit können für diese Befragung folgende, charakterisierende Durchschnittsmerkmale festgehalten werden. So war die interviewte Person zu 75 % männlich, durchschnittlich rd. 48,2 Jahre alt, verheiratet bzw. in einer Partnerschaft lebend, ohne Migrationshintergrund und lebte in der Metropolregion Hamburg und Umgebung mit durchschnittlich rd. 2,2 Personen in einem Haushalt. Der befragte Proband hatte rd. 0,8 eigene Kinder und zu 80 % einen Bildungsstand, der zum Besuch einer Universität/Hochschule berechtigen würde. Die Person hatte zudem mit einer 85 % Wahrscheinlichkeit einen (unternehmerischen oder aber öffentlichen) Arbeitgeber bzw. Dienstherrn und bezog daraus im Durchschnitt ein Bruttoeinkommen in Höhe von rd. 6575,- EUR. Dabei reichten die Berufsbilder der Befragten von Tätigkeiten in Unternehmen (Lagerleitung, Management, Kundenberater, Außendienst, usw.) bis hin zum Öffentlichen Dienst (in Form von Polizei-, Bildungs- und Justizdienst). Innerhalb der Gruppe der Befragten überwogen Führungstätigkeiten die ausführenden, operativen innerbetrieblichen Aufgaben, was mit dem als überdurchschnittlich zu bezeichnenden Bruttoeinkommen

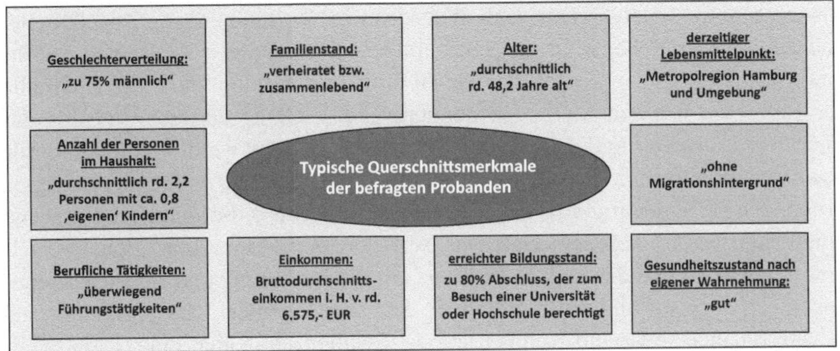

Abb. 4.1 Soziodemografische Merkmale der befragten Gruppe Übersicht. (Eigene Darstellung)

zu korrelieren scheint. In der Eigenbewertung wurde der Gesundheitszustand als gut wahrgenommen.[1] Abb. 4.1 fasst diese Querschnittsmerkmale noch einmal zusammen.

4.2 Schwerpunkte, Organisation und Grenzen der Befragung

4.2.1 Thematische Schwerpunkte der durchgeführten Befragung

Die gestellten Fragen rankten sich um die Themenblöcke: Ernährung und Lebensgewohnheiten, Selbstmanagement im privaten und beruflichen Kontext, Balance zwischen Berufs- und Privatleben, Kompensations-/Resilienzstrategien

---

[1]Auch wenn im Rahmen dieser Ausarbeitung aufgrund der relativ kleinen Probandengruppe keine weitergehende Ableitung der soziodemografischen Merkmale (z. B. in Form von Kreuztabellen) auf die gegebenen Befragungswerte erfolgt, so sollen diese Merkmale hier dennoch einen Überblick über typische, angetroffene Ausprägungen geben. Ggf. können diese Erkenntnisse auf weitergehende Befragungen und damit einhergehende Forschung übertragen werden.

sowie zu guter Letzt Fragen nach Wünschen im Zusammenhang mit aktueller und zukünftiger Lebensführung.[2] Bei einigen dieser Fragen sollte eine Selbstbewertung abgegeben werden. Da die Befürchtung bestand, dass ggf. nicht alle der Befragten mit den Methoden qualitativer Forschung vertraut sind und das Interview deswegen evtl. nicht oder nur schwer initiiert werden könnte, wurde bewusst auf teilweise geschlossene Fragen rekurriert, um damit die befragten Probanden zu eindeutigen Positionierungen zu führen, die dann anschließend hinterfragt werden konnten. Dies war bspw. bei den Fragen bzw. Fragensets 1, 4, 5, 8, 9, 10 und 16 der Fall, in denen es um die Ernährung und Lebensgewohnheiten, das private und berufsbezogene Selbstmanagement, die berufliche und private Balance sowie um Kompensations-/Resilienzstrategien ging. Dem qualitativen Forschungsansatz folgend wurden für andere Fragestellungen (Fragen 2, 3, teilweise 4 und 5, 6, 7, teilweise 8 und 9 und 10, 11, 12, 13, 14, 15, teilweise 16, 17, 18, 19 sowie 20) alle Möglichkeiten, Antworten zu geben, zugelassen, um aus den gegebenen Rückmeldungen heraus Cluster für mehrfach gemachte Angaben erstellen zu können.

4.2.2   Ablauf und Grenzen der gewählten Methode

Nach dem Befragungsstart hat sich dieser Leitfaden als konsistent und weitestgehend vollständig erwiesen, so dass nach einem Pre-Test nur marginale Änderungen des Leitfadens vorgenommen wurden.[3] Die nicht selten an entsprechende Forschungsansätze herangetragenen Einwände, dass derartige qualitative Forschung an Grenzen stoßen könnte, wurde durchaus als kritisch wahrgenommen. Dennoch fiel die Entscheidung mit Blick auf die relativ kleine Gruppe der zu Befragenden (N = 20) auf diese Methode, um ein möglichst großes Spektrum unterschiedlicher Einflussfaktoren auf konkrete Bedarfe und Potenziale einerseits aber auch Strategien der befragten Probanden andererseits herausarbeiten zu können.

---

[2]Interviewfragebogen und ausgewertete Antwortbögen liegen der erst genannten Autorin vor.

[3]Mit diesen Änderungen wurden die bis dato noch fehlenden Merkmale bei den Erstbefragten nacherfasst, um so dann mit der Befragung der Gesamtgruppe zu starten.

4.3 Auswertung und Aggregation der aufgenommenen Aussagen

4.3.1 Ernährung und Lebensgewohnheiten (I)

Die Abfrage der Ernährungsgewohnheiten zeigte, dass eine gesunde Ernährung für alle befragten Probanden relevant war (1). Der Konsum von Obst und Gemüse, ausgewogene Mahlzeiten, die Einnahme einer warmen Mahlzeit täglich sowie der Rückgriff auf Produkte mit einer guten Qualität bzw. Bio-Produkte wurden dabei mit einer guten Ernährung verbunden (2). Die Befragung nach nicht untypischen, ggf. als weniger gesund geltenden Lebensgewohnheiten förderte zu Tage, dass 55 % der Befragten angaben, Alkohol zu trinken und 45 % einen Nikotingenuss bejahten. Als weitere als ggf. nicht der Gesundheit zuträgliche Ernährungsformen wurden Kaffeegenuss und der Genuss von Süßwaren von den Befragten identifiziert (3). Die Frage nach den sportlichen Aktivitäten wurde zu 85 % bejaht. Zu den beliebtesten Sportarten gehörten dabei Fitness o. ä. (40 %), Laufen/Joggen (35 %) Tennis/Squash (20 %) sowie Gehen/Walken (15 %).[4] In Abhängigkeit von den einzelnen Sportarten kam es dabei von Proband zu Proband zu unterschiedlichen Frequenzen. Solche Häufungen waren besonders bei den als sportiv zu bezeichnenden Befragten zu erkennen, die gleich mehrere Sportarten pro Woche (in teilweise unterschiedlichen Frequenzen, ggf. auch im Sinne einer Ausgleichsportart ausübten (4)).[5]

4.3.2 Selbstmanagement im privaten und beruflichen Kontext (II)

Im Zusammenhang mit den Fragen zum Selbstmanagement im privaten oder beruflichen Kontext wurden Fragen zu den Kommunikationsgewohnheiten mit anderen Menschen heterogen beantwortet. So gaben 40 % der befragten Personen an, sich sehr viel mit anderen Menschen auszutauschen, während exakt das gleiche Verhältnis (40 %) dies verneinte. Viele der Befragten gaben dabei an, aktiv zuzuhören (25 %), empathisch zu sein (20 %), authentisch zu sein (20 %) aber teilweise auch spontan aus dem Bauch heraus zu kommunizieren (20 %) (5). Die

---

[4]Bei den Angaben sind Doppelnennungen zu beachten.

[5]Bei den Angaben sind Doppelnennungen zu beachten.

Strategien der Befragten, beruflichen Stress zu bewältigen, fielen unterschiedlich aus. 30 % gaben an, dies beim Sport zu tun, 20 % gelang eine Stressbewältigung durch Zusammentreffen mit Familie und Freunden, 20 % versuchten, positiv zu denken bzw. möglichst ausgeglichen zu sein, und weitere 20 % sprachen mit anderen „aktiv" über entsprechende Stresspunkte (6). In eine weitere Betrachtung wurde das berufliche Leben einbezogen. Dabei gaben 50 % der Befragten an, Standardaktivitäten delegieren zu können. Bei anderen 30 % hingegen war eine Delegation entsprechender Tätigkeiten nicht möglich und 25 % gaben sogar an, es als schwierig zu empfinden, Arbeit abzugeben. 40 % versuchten, das berufliche Leben mit einer aktiven Tagesplanung anzugehen. Weitere 20 % der Befragten setzten sich im Berufsleben Prioritäten (7).[6]

4.3.3   Balance zwischen Berufs- und Privatleben (III)

Bei der Fortsetzung der Befragung zur Balance zwischen Berufs- und Privatleben gaben 65 % der Befragten an, dass sie Selbstdisziplin als wesentlichen Erfolgsfaktor erkannt haben. Die verbleibenden 35 % der Befragten konnten sich dieser Meinung zwar nicht vollumfänglich aber zumindest teilweise anschließen. Die Begründungen für diese Antworten fielen unterschiedlich aus. In positiven Begründungen stachen drei Rückmeldungen mit jeweils 10 % besonders heraus. Hier wurde unisono angegeben, dass strukturiertes Arbeiten nur mit Selbstdisziplin möglich sei. Selbstständige gaben an, dass diese Form der Erwerbstätigkeit ohne Selbstdisziplin gar nicht möglich sei. Andere Befragte hingegen erkannten in der Selbstdisziplin eine Vorbildfunktion. Es wurden auch Antworten gegeben, die dahin gehend ausfielen, dass Selbstdisziplin auch zu Stress führen kann (15 % der Antworten) bzw. dass Selbstdisziplin ggf. der Spontanität und Freude an der Arbeit entgegensteht (10 %) (8).[7] Bei diesem Themenkomplex wurde auch die Relevanz der Harmonie im Privatleben für den beruflichen Erfolg abgefragt. 75 % der Befragten stimmten zu, dass eine solche Relevanz vorliegt. Als Begründung wurde angegeben, dass private Probleme mit „in den Job hineingenommen" würden (20 %) bzw. dass es schwierig sei, wenn es nach einer beruflichen Stresssituation auch zu Spannungen im Privatbereich

---

[6]Bei den Angaben sind Doppelnennungen zu beachten.
[7]Bei den Angaben sind Doppelnennungen zu beachten.

kommen würde (10 %). Nicht alle der Befragten teilten diese Meinung. So wurde auch angegeben, dass man einen Job erfolgreich gestalten könne, wenn es keine private Harmonie geben würde (10 %) (9).[8] Den Einklang zwischen beruflichem und privatem Leben herzustellen, gelang nach eigenen Angaben 25 % der Befragten gut. Weitere 25 % gaben an, dass dies nicht immer derart gelänge. Die Begründungen zu diesen Antworten fielen unterschiedlich aus. So schien es so zu sein, dass bei einigen der Beruf Vorrang hat und das Privatleben eher am Wochenende oder aber im Urlaub stattfindet (25 %). Andere gaben an, einen sehr starken Fokus auf das Berufsleben zu legen (20 %). Weitere 15 % definierten klare Freiräume für die Familie und das Privatleben (15 %) oder handhabten Arbeitszeiten und Einstellung zum Berufsleben ähnlich wie Zeiten mit Partnerin oder Partner (15 %) (10).[9]

4.3.4 Kompensations-/Resilienzstrategien (IV)

In der Folge wurde der Blick auf Möglichkeiten gelenkt, ggf. aus dem beruflichen Umfeld erwachsende negative Rückwirkungen zu kompensieren. Als einer der wesentlichen Punkte wurde dabei das Selbstbewusstsein (synonym das Selbstvertrauen) angesehen. 50 % der Befragten gaben an, Selbstbewusstsein aus eigener Stärke, Sicherheit, eigener Kompetenz bzw. aus ihrer Erfahrung zu ziehen. 40 % zogen ihr Selbstbewusstsein aus positiven Rückmeldungen bzw. Lob. Berufliche und private Erfolge führten bei 30 % der Probanden zu einer Stärkung des Selbstbewusstseins und weitere 25 % gaben an, dass das Selbstbewusstsein sicherlich aus einer von den Eltern mitgegebenen Erziehung heraus entstanden sei. (11).[10] Mit Blick auf Menschen die ggf. unter Energielosigkeit leiden, wurde die Frage abgeleitet, was evtl. eigene Antriebsquellen sind bzw. welche Ratschläge antriebslosen Freunden, Kollegen oder aber Mitarbeitern zu geben seien. Als eigene Energiequellen wurden bei 30 % der Befragten Familie, Kinder und Freunde genannt. Zeit für Hobbys zu haben, führte bei weiteren 30 % zu positiver Energie. Spaß oder Freude an der Arbeit bzw. im Privatleben führte bei 25 % der Befragten zu neuer Kraft. Gleichauf mit jeweils 15 % der gegebenen Antworten wurde Urlaub einerseits und Ehrgeiz bzw. finanzielle Anreize andererseits auf

---

[8]Bei den Angaben sind Doppelnennungen zu beachten.

[9]Bei den Angaben sind Doppelnennungen zu beachten.

[10]Bei den Angaben sind Doppelnennungen zu beachten.

den Plätzen dahinter als Einflussfaktoren genannt. Falls es im direkten Umfeld dazu kam, dass Antriebslosigkeit bei Freunden, Kollegen oder aber Mitarbeitern festgestellt wurde, so würden 40 % der Befragten diesen Menschen raten, sich Aktivitäten und/oder Hobbys zu suchen, an denen sie Spaß empfinden. 25 % der Befragten rieten dazu, frühere Energiequellen herauszuarbeiten. 20 % der Probanden tendierten dazu, Freizeiten bzw. Auszeiten regelmäßig aktiv zu nutzen. Und jeweils 15 % der Befragten rieten Mitmenschen zudem dazu, einerseits häufiger an Urlaubstage zu denken bzw. anderseits sich bewusst, kleinere Ziele zu setzen (12).[11] Konstellationen, in denen sich die Befragten fallen lassen konnten, wurden zu 55 % im privaten und familiären Umfeld, zu 45 % im Sport bzw. im Hobby, zu 40 % bei Freunden und zu 35 % im Urlaub gesucht. Dazu stand im Gegensatz, dass sich 30 % der Befragten gar nicht, kaum oder aber nur sehr schwer fallenlassen bzw. loslassen konnten. (13).[12] Im Zentrum der darauffolgenden Frage stand der Umgang mit negativen Gedanken, die sich ggf. in Aggressionen, Wut, o. ä. einen Weg bahnen. Als entsprechende Gegenmaßnahmen kamen aus Sicht von 35 % der Befragten infrage, dass man darüber spricht bzw. negativen Gedanken kommunikativ einen Raum gibt. 30 % der Befragten suchten den Umgang im Sport, 25 % nannten musikalische Hobbys als mögliches Ventil zur Bewältigung negativer Gedanken. 20 % der Befragten würde es helfen, kurz aber heftig zu reagieren bzw. weitere 20 % suchen einen Spaziergang zur Bewältigung solcher Stimmungen (14).[13] Im weiteren Frageverlauf standen Strategien, wie man sich Entspannung verschaffen könnte. 40 % der Befragten nannten dort abermals Sport als Entspannungsstrategie. 25 % der Befragten Wellness und weitere 20 % Unternehmungen mit Freunden. Gleichauf mit jeweils 15 % lagen fernsehen, Musik hören sowie spazieren gehen. (15).[14] Bei nicht wenigen Menschen wurden die Kinderjahre mit positiven Erinnerungen verknüpft. Diese Jahre gelten damit nicht selten als sorgen- und stressarm bzw. weitestgehend -frei. Vor diesem Hintergrund gaben 80 % der Befragten an, dass es Ihnen wichtig ist, einen spielerischen Umgang mit Problemen anzustreben. Ein solch spielerischer Umgang wurde bspw. im Sport- und Hobbybereich mit Kameraden und/

---

[11]Bei den Angaben sind Doppelnennungen zu beachten.

[12]Bei den Angaben sind Doppelnennungen zu beachten.

[13]Bei den Angaben sind Doppelnennungen zu beachten.

[14]Bei den Angaben sind Doppelnennungen zu beachten.

oder Freunden gesucht (40 %). Zu 25 % gelangen solche Aktivitäten mit den eigenen Kindern, zu jeweils 20 % mit Kollegen bzw. in Form von Rollenspielen/ Theaterbesuchen oder aber in Form anderer Spielformen (16).[15]

4.3.5 Wünsche im Zusammenhang mit aktueller/ zukünftiger Lebensführung (V)

An die Probanden wurden zuletzt Fragen gerichtet, welche Menschen sie besonders inspiriert und unterstützt haben. Dabei wurden Vorgesetzte zu 45 %, Eltern zu 30 %, Lehrer und/oder Trainer zu 20 % und jeweils zu gleichen Teilen 15 % Freunde, Kollegen bzw. Partnerin/Partner genannt. Auf die Frage, wie diese Inspirationen oder aber Unterstützungen stattfanden, wurde eine Vorbildfunktion (40 %), menschliche Unterstützung (25 %) bzw. Motivation, Wissen und Information zu jeweils (20 %) genannt (17).[16] Eine weitere Frage bezog sich darauf, welche Eigenschaften man an Kinder weitergeben möchte. Hier wurde genannt: positives Denken, Zufriedenheit und Optimismus (30 % der Antworten) bzw. Werte, Ethik und Moral (mit ebenfalls 30 % der Nennungen) und Ausgeglichenheit bzw. Gelassenheit (20 % der Stimmen) (18).[17] Dieser Interviewteil endete mit der Frage nach jeweils drei guten bzw. weniger guten Eigenschaften, über die die Befragten verfügen. Dabei wurden Offenheit und Toleranz erstrangig genannt. Die Eigenschaften „Großzügigkeit und Freigiebigkeit" teilten sich zusammen mit den Eigenschaften des „Aktiven Zuhörens" und des „auf Menschen zugehen können" den zweiten Rang der Nennungen. Zu den weniger guten Eigenschaften wurden von den Probanden erstrangig Ungeduld, das Aufschieben von Erledigungen, der Nikotingenuss und ein „Zuviel" an Geduld bzw. zu rasche Nachgiebigkeit auf einem dreifach geteilten, zweiten Rang genannt (19).[18] Die an die Probanden gerichteten Fragen sollten neben einem Gegenwartsauch einen zukünftigen Bezug haben. Vor diesem Hintergrund wurde gefragt, was die Probanden im Lebensalter von 80 Jahren von sich selbst sagen möchten. Hier wurde erstrangig mit insgesamt fünf erfolgten Nennungen gesagt, dass man auf

---

[15]Bei den Angaben sind Doppelnennungen zu beachten.

[16]Bei den Angaben sind Doppelnennungen zu beachten.

[17]Bei den Angaben sind Doppelnennungen zu beachten.

[18]Bei den Angaben sind Doppelnennungen zu beachten.

Ernährung und Lebensgewohnheiten (Themenblock I)	Selbstmanagement (privat/beruflich) (Themenblock II)	Balance zwischen Privat- und Berufsleben (Themenblock III)	Kompensations-/ Resilienzstrategien (Themenblock IV)	Wünsche an die Lebensführung (Themenblock V)
• Relevanz einer gesunden Ernährung (Obst, Gemüse, ausgewogene Mahlzeiten, Ziel: eine warme Mahlzeit pro Tag), dabei werden Qualitäts- bzw. Bio-Produkte mit guter Ernährung verbunden • sportliche Aktivitäten, aber in (individuell) sehr heterogenen Frequenzen • Identifikation ungesunder Lebensgewohnheiten (Alkohol, Suchtmittel <Nikotin, Koffein>, Süßwaren, usw.)	• Stressbewältigung durch Sport, Familie, Freunde, positives Denken, hohes Maß an Ausgeglichenheit sowie aktiver Austausch mit Anderen • aktive Tagesplanung mit zu setzenden Prioritäten • sofern möglich: Delegation von Standardaktivitäten • Effekte der Kommunikation nicht eindeutig, teilweise relevant: aktives Zuhören, Empathie, Authentizität und Kommunikation aus dem Bauch heraus	• Balance zwischen Berufs- und Privatleben bei hohem Maß an Selbstdisziplin eher zu erwarten • Harmonie im Privatleben für beruflichen Erfolg relevant	• Stärkung des Selbst-vertrauens sowie eigene „Suche" nach erfolgreichen Antriebsquellen • Identifikation von Entspannungsfeldern im privaten/familiären Umfeld, Sport/Hobby, Freunden, Wellness, Musik, Urlaub, Medien oder im spielerischen Umgang • typischer Umgang mit negativen Einflüssen: Kommunikation, Sport, Musik, Einflüssen „kurz" Raum geben, Ablenkung	• Unterstützung durch Bezugspersonen (u.a. aus Kollegium, Partner, Familie, Freunde, Lehrer und/oder Trainer) relevant • positive Faktoren durch eigenes Wertesystem, Optimismus, Gelassenheit und Ausgeglichenheit • als negative Faktoren diskutiert: späte Erledigung relevanter Aufgaben, Ungeduld, Suchtmittel, ein „Zuviel" an Geduld bzw. „zu rasche" Nachgiebigkeit

Abb. 4.2 Nach Themengebieten gegliederte Zusammenfassung wesentlicher Aussagen der durchgeführten Befragung. (Eigene Darstellung)

ein erfülltes Leben zurückschauen wolle, das liebenswert und gut gelebt wurde. Mit jeweils vier Stimmen wurde genannt, dass man alles richtig gemacht haben möchte und nichts bereuen möchte, dass man in einem guten Gesundheitszustand („fit") bzw. gesund bleiben möchte und den Lebensabend genießen möchte (eben-falls vier Nennungen) und zudem dass man das Leben mit Spaß und hohen Frei-zeitwert erlebt haben möchte (abermals vier Stimmen) (20). Die Abb. 4.2 fasst die wesentlichen Aussagen der einzelnen Themenblöcke noch einmal anschaulich zusammen.

Versorgungsangebote für Erwerbstätige

5

Nach der qualitativen Bedarfs- und Potenzialermittlung soll eine Analyse des konkreten Leistungsgefüges im Rahmen der betrieblichen Gesundheitsförderungs- und Präventionsansätze über die Sozialversicherungszweige hinweg erfolgen. Dabei ist zunächst zu beachten, dass herrührend aus der Nationalen Präventionskonferenz unter Beteiligung der maßgeblichen, mit dem Thema betrauten Spitzenverbände der Sozialversicherungszweige (GKV Spitzenverband, Deutsche Gesetzliche Unfallversicherung Spitzenverband, Sozialversicherung für Landwirtschaft, Forsten und Gartenbau sowie Deutsche Rentenversicherung Bund) eine Nationale Präventionsstrategie entwickelt worden ist. Diese NPK entwickelt Bundesrahmenempfehlungen und sieht eine regelmäßige Präventionsberichterstattung vor. Aus diesen Empfehlungen auf der Bundesebene entsprangen einerseits Landesrahmenvereinbarungen sowie andererseits Kooperationsstrukturen auf der Landesebene. Teil dieser Kooperationsstrukturen sind einerseits die sogenannten Gemeinsamen Landesbezogenen Stellen nach § 20 Abs. 2 SGB VII (als Kooperationsform zwischen Gesetzlicher Unfallversicherung und den für den Arbeitsschutz zuständigen Behörden) und andererseits die BGF-Koordinierungsstellen, die für jedes Bundesland eingerichtet wurden (GKV-Spitzenverband, Deutsche Gesetzliche Unfallversicherung e. V. Spitzenverband, Sozialversicherung für Landwirtschaft, Forsten und Gartenbau, Deutsche Rentenversicherung Bund sowie Verband der Privaten Krankenversicherung 2019).

Der Internetauftritt der BGF-Koordinierungsstelle leitet Beratung suchende Firmen, aber auch Arbeitnehmer nach der Abfrage der jeweiligen Postleitzahl auf die auf Ebene der Bundesländer eingerichteten BGF-Koordinierungsstellen weiter. Neben den Angeboten der Krankenkassen können dann dort auch Beratungen über die Leistungen anderer auf der Internetseite als „Kooperationen" bezeichneter Sozialversicherungszweige (Unfall- und Rentenversicherung) abgerufen werden (Kooperationsgemeinschaft zur kassenartenübergreifenden Umsetzung von regionalen BGF-Koordinierungsstellen für die Beratung und Unterstützung von Unternehmen im Bereich der betrieblichen Gesundheitsförderung nach § 20b Abs. 3 SGB V 2019).

5.1 Leistungsangebote der gesetzlichen Unfallversicherung

Grundsätzlich sind die einzelnen Träger der GUV in der Gestaltung der betrieblichen Präventionsmaßnahmen autark. Dies folgt den branchenfokussierten Ausprägungen der einzelnen Träger der GUV. Dementsprechend werden ganz unterschiedliche Maßnahmen auf- bzw. umgesetzt. Die Spitzenorganisation, in Form des Spitzenverbandes der Deutschen GUV (DGUV), versucht, die einzelnen Maßnahmen zu begleiten. Der Fachbereich „Gesundheit im Betrieb" (FB GiB) arbeitet branchenübergreifend und widmet sich – eigenen Angaben nach – folgenden Themen:

- Arbeiten im demografischen Wandel
- Arbeitsorganisation/gesundheitsgerechte Gestaltung der Arbeitsaufgaben
- Betriebliches Eingliederungsmanagement (BEM)
- Förderung von Bewegung
- Förderung von gesunder Ernährung
- gesundheitsförderliches Führungsverhalten
- Gewaltprävention
- interkulturelle Aspekte der Prävention
- psychische Belastung und Beanspruchung
- Suchtprävention

An die Stelle einer ganzen Reihe von Unfallverhütungsvorschriften treten nun Verfahrensstandards, die sich aus der Projektübersicht des Sachgebiets 2, der innerhalb des FB GiB für das „Betriebliche Gesundheitsmanagement" zuständigen Stelle, ergeben. Die Projekte spiegeln die zusammengefassten Fachmeinungen der GUV wider und prägen damit das Verständnis zu ausgesuchten Fragestellungen im Rahmen der Gesundheitsförderung und Prävention (Deutsche Gesetzliche Unfallversicherung Spitzenverband 2019).

Allgemein kann gesagt werden, dass die Träger der GUV Maßnahmen der Verhältnisprävention stärker als die der Verhaltensprävention priorisieren. Im Mittelpunkt einer jeden Leistungsgewährung steht der Versicherungsfall (in den

Ausprägungen: Arbeits-, Schul- und Wegeunfall bzw. anerkannte Berufskrankheit). Zu ergreifende Präventionsmaßnahmen umfassen dabei alle Einwirkungen bei der Arbeit, die zu einer Gesundheitsstörung bzw. Erkrankung führen können. Die Verhütung von arbeitsbedingten Gesundheitsgefahren wird durch die Gesamtheit technischer, organisatorischer, verhaltensbezogener, sozialer, psychologischer und betriebsärztlicher Maßnahmen verwirklicht, die auch bedarfsgerechte Elemente der betrieblichen Gesundheitsförderung beinhalten können. Maßnahmen zur Verhütung arbeitsbedingter Gesundheitsgefahren umfassen pathogene (gesundheitsbeeinträchtigende) sowie auch salutogene (gesundheitserhaltende und gesundheitsverbessernde) Ansätze. Die betriebliche Gesundheitsförderung (BGF) hingegen umfasst alle Maßnahmen des Betriebes unter Beteiligung der Beschäftigten zur Stärkung ihrer Gesundheitskompetenzen sowie Maßnahmen zur Gestaltung gesundheitsförderlicher Bedingungen (Verhalten und Verhältnisse), zur Verbesserung von Gesundheit und Wohlbefinden im Betrieb sowie zum Erhalt der Beschäftigungsfähigkeit. Sollten sich entsprechende Bedarfe ergeben, so sind es typischerweise die Arbeitgeber die sich mit entsprechenden Fragen an den Träger wenden. Die Unternehmen haben dabei ein gewisses Eigeninteresse, da durch die Vermeidung erkrankungsrelevanter Risiken durchaus auch Einfluss auf die Höhe der zu zahlenden Beiträge genommen werden kann.[1]

5.2 Leistungsangebote der gesetzlichen Rentenversicherung

Die Deutsche Rentenversicherung (DRV) unterstützt Arbeitgeber, die gewillt sind, die Gesundheit und Beschäftigungsfähigkeit ihrer Belegschaft zu stärken und zu erhalten. Der Firmenservice der DRV berät Arbeitgeber, Betriebs- und Werksärzte, Betriebsräte und Schwerbehindertenvertretungen zum Thema „Gesunde Mitarbeiter" und stellt damit keine verpflichtende Leistung zur Verfügung. Zum Teil können Berater der DRV die Firmen vor Ort aufsuchen. Dabei betont die DRV den vorbeugenden Charakter der Prävention. Aus Sicht der DRV gehören ausgesuchte Themen, wie bspw. gesunde Ernährung, regelmäßige Bewegung, genügend Schlaf, die Möglichkeit, sich auszuruhen, und ggf. weitere Leistungen, zu typischen Präventionsansätzen. Die DRV bietet darüber hinaus auch ihren Ver-

---

[1]Vgl. Unterlagen der DGUV sowie telefonische Kontaktaufnahme mit maßgeblicher Ansprechperson der DGUV. Dokumentation auf Anfrage bei Verfassern einsehbar.

sicherten (ebenfalls nicht verpflichtende) Möglichkeiten einer Kostenübernahme bzw. Bezuschussung entsprechender Leistungen. Versichertenseitig müssen Leistungen zur Prävention (ähnlich wie die der Rehabilitation) schriftlich beantragt werden. Leistungen werden nur bezuschusst, wenn die Versicherten bestimmte leistungsrechtliche Voraussetzungen erfüllen. Nachdem die DRV in unterschiedlichen Regionen Beschäftigungsbefähigungsprojekte durchführte, fielen die Ergebnisse begleitender Studien positiv aus. Deswegen wurde entschieden, Präventionsleistungen über die Modellregionen hinaus anzubieten.[2] Inzwischen erfolgte der Aufbau wohnortnaher Präventionsangebote unter Rückgriff auf vorhandene Strukturen der Rehabilitation (Deutsche Rentenversicherung 2019).

5.3 Leistungsangebote der Pflegeversicherung bzw. Angebote für Menschen mit Behinderung

Der in dieser Ausarbeitung gesetzte Fokus auf erwerbszentrierte Gesundheitsförderungs- und Präventionsansätze führt dazu, dass aus den Regeln des für die Soziale Pflegeversicherung maßgeblichen Elften Sozialgesetzbuches lediglich Leistungen für Pflegebedürftige und damit keine expliziten Leistungen für Erwerbstätige entspringen. Anders hingegen verhält es sich bei Leistungen für Menschen mit Behinderung. In diesen Fällen sind umgehend individuelle Maßnahmen – für den Arbeitgeber verpflichtend – und unter Rückgriff auf andere Sozialversicherungszweige zu ergreifen, um dem Gedanken der Rehabilitation und Teilhabe dieser Klientel Rechnung zu tragen. Der Rückgriff auf alle potenziellen Sozialversicherungsträger kann zu verhaltens- oder aber verhältnispräventiven Leistungsbündeln führen.

5.4 Leistungsangebote der gesetzlichen Krankenversicherung

Die Versicherungsbeziehungen zu den bis hier her vorgestellten Sozialversicherungsträgern entstehen in aller Regel zwangsweise, ohne größere Versichertenwahlrechte und damit ohne jeglichen gesetzgeberischen

---

[2]Vgl. Unterlagen der DRV sowie telefonische Kontaktaufnahme mit maßgeblicher Ansprechperson der DRV. Dokumentation bei Verfassern auf Anfrage einsehbar.

Wettbewerbsgedanken. Vor diesem Hintergrund muss der Blick auf Leistungsangebote der gesetzlichen Krankenversicherung in einem wettbewerblichen
Kontext erfolgen. Bei einer Anzahl von 109 Krankenkassen[3] entstehen betriebliche Gesundheitsförderungs- und Präventionsangebote in einem Wettbewerbs-
umfeld und ist damit für Nicht-Versicherte weitestgehend intransparent. Wenden
sich Arbeitgeber oder aber Versicherte an die BGF Koordinierungsstelle und
hinterlassen dort ihren Datensatz, so führt dies dazu, dass diese Daten dem pro-
grammierten Algorithmus folgend, reihum, gleichberechtigt jeweils einer vom
Algorithmus ausgewählten Krankenkasse zugewiesen werden.[4] Die von den
Krankenkassen vorzuhaltenden Beratungskapazitäten sollen damit möglichst
gleichförmig bedient werden. Dabei hängt es auch von der jeweiligen Kranken-
kassenart ab, wie das Beratungsangebot ausgestaltet werden kann. Klassischer-
weise werden dabei große (versichertenstarke) Krankenkassen Beziehungen zu
einer sehr großen Anzahl von Mitgliedern bzw. den hinter den Mitgliedern stehenden Arbeitgebern abbilden. Bei einer geschlossenen Betriebskrankenkasse
wird ein solches Beziehungsgeflecht deutlich überschaubarer sein bzw. ggf. nur
auf einen Arbeitgeber hinauslaufen. Krankenkassenintern wird man deswegen
auf eine möglichst effiziente Betreuung bzw. auf Prioritätsregeln abstellen, um
die zur Verfügung stehenden Ressourcen effektiv einsetzen zu können. Dabei ist
zu beachten, dass sich sowohl Arbeitgeber wie auch Versicherte direkt an ihre
Krankenkasse wenden können, um entsprechende Leistungen der Verhaltens-
bzw. der Verhältnisprävention zu beantragen. In beiden Fällen ist eine Teilnahme
an entsprechenden Angeboten jedoch nicht verpflichtend. In Abb. 5.1 sollen die
Unterschiede in den einzelnen Sozialversicherungszweigen noch einmal über-
sichtlich festgehalten werden.

Auch wenn die Betreuungsangebote auf Ebene der einzelnen Krankenkassen
weitestgehend intransparent bleiben, so kann doch zumindest auf eine aggregierte
Übersicht zurückgegriffen werden, die Auskunft über die inhaltliche Ausrichtung
verhältnisbezogener Gesundheitsförderungs- und Präventionsansätze gibt. Hier
sollen (in Form der TOP 4 bzw. TOP 5-Nennungen) die vorliegenden Hauptstoßrichtungen dieser Maßnahmen ausgewiesen werden (Abb. 5.2).

Die bereits in Abb. 3.1 als 2. Stufe „Verhältnisprävention" ausgewiesenen
Maßnahmen werden hier der Befragung der von den Spitzenverbänden der

---

[3]Stand zum 01.01.2019 gemäß GKV Spitzenverband, Berlin.

[4]Vgl. telefonische Kontaktaufnahme mit maßgeblicher Ansprechperson auf Ebene der
GKV-Spitzenverbände. Dokumentation auf Anfrage bei Verfassern einsehbar.

Übersicht über arbeitsteilige Ansätze der Akteure im Rahmen der Gesunderhaltung am Arbeitsplatz (hier gegliedert nach Sozialgesetzbüchern)					
	Betriebliche Gesundheitsförderung	Verhütung von Unfällen, Berufskrankheiten und arbeitsbedingten Gesundheitsgefahren	Medizinische Leistungen zur Prävention	Leistungen der sozialen Pflegeversicherung	Betriebliche Eingliederung
Rechtsgrundlage	§§ 20 b und c SGB V	§ 14 SGB VII	§ 14 SGB VI	n/a	§ 167 SGB IX
Präventionsansatz	Verhaltensprävention Verhältnisprävention	Verhaltensprävention Verhältnisprävention	Verhaltensprävention	n/a	Verhaltensprävention Verhältnisprävention
Typische Leistungen	Unterstützung der Betriebe durch gesetzliche Krankenversicherung	Insbesondere Beratung, Überwachung und Qualifizierung der Betriebe durch gesetzliche UV-Träger	Leistungen der GRV zur Sicherung der Erwerbsfähigkeit für gesundheitlich beeinträchtigte Versicherte	n/a	Unterstützung der AG durch gesetzliche UV-, RV- und KV-Träger
Teilnahme für Arbeitnehmer	freiwillige Teilnahme	verpflichtende Teilnahme	freiwillige Teilnahme	n/a	freiwillige Teilnahme
Teilnahme für Arbeitgeber	freiwillige Teilnahme	verpflichtende Teilnahme	freiwillige Teilnahme	n/a	verpflichtende Teilnahme

Abb. 5.1 Übersicht über arbeitsteilige Ansätze der Akteure im Rahmen der Gesunderhaltung am Arbeitsplatz (hier gegliedert nach Sozialgesetzbüchern, eigene Darstellung in Anlehnung an GKV-Spitzenverband, Deutsche Gesetzliche Unfallversicherung e. V. Spitzenverband, Sozialversicherung für Landwirtschaft, Forsten und Gartenbau, Deutsche Rentenversicherung Bund sowie Verband der Privaten Krankenversicherung (2019) Erster Präventionsbericht nach § 20 d Abs. 4 SGB V (Mit Blick auf die eigens von der DRV als „Firmenservice" eingerichteten Beratungsleistungen für Arbeitgeber haben sich die Verfasser dieses Artikels dazu durchgerungen, abweichend vom „Ersten Präventionsbericht nach § 20 d Abs. 4 SGB V" die Partizipationsmöglichkeiten für diese Klientel explizit als „freiwillige Teilnahme" auszuweisen.), S. 131)

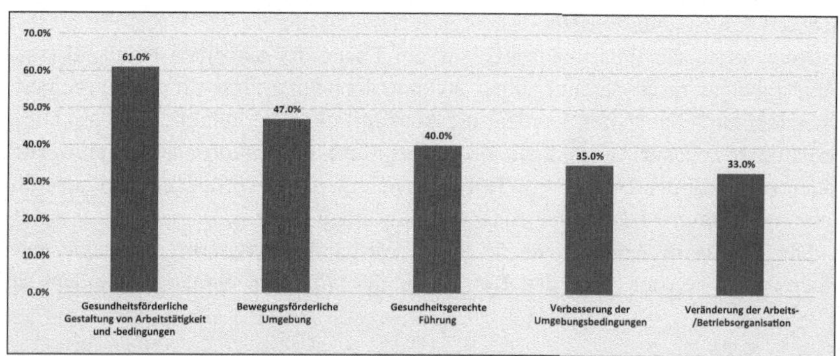

Abb. 5.2 Inhaltliche Ausrichtung verhältnisbezogener Gesundheitsförderungs- und Präventionsansätze (TOP 5; eigene Darstellung in Anlehnung an GKV-Spitzenverband sowie Medizinischer Dienst des Spitzenverbandes Bund der Krankenkassen (2018): Präventionsbericht 2018, Berlin, S. 104)

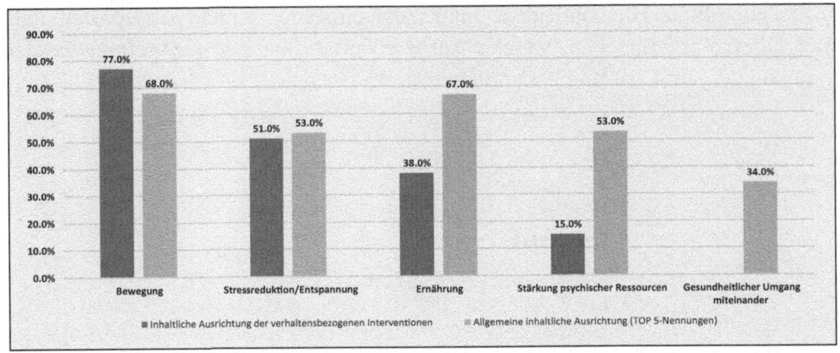

Abb. 5.3 Inhaltliche Ausrichtung der Gesundheitsförderungs- und Präventionsansätze (differenziert nach „allgemeiner" und nach „verhaltensbezogener" Intervention, TOP 4/5; eigene Darstellung in Anlehnung an GKV-Spitzenverband sowie Medizinischer Dienst des Spitzenverbandes Bund der Krankenkassen (2018): Präventionsbericht 2018, Berlin, S. 120/105)

maßgeblichen Spitzenverbänden erstellten Präventionsbericht gestuft dargestellt. Bei den Befragten stehen die gesundheitsförderliche Gestaltung von Arbeitstätigkeit und -bedingungen im Vordergrund. Nachrangig werden eine bewegungsförderliche Umgebung sowie eine auf das Sozialverhalten der Leitungskräfte abzielende Führung genannt.

Über die verhältnisbezogene Ausrichtung hinaus können präventive Zielrichtungen auch von verhaltensbezogenen Betreuungsansätzen abgeleitet werden. Die Abb. 5.3 gibt derart Auskunft über derartige verhaltensbezogene Förder- und Präventionsansätze, die im Fokus der Versicherten stehen. Hier weisen die in Form der als „allgemein" im Präventionsbericht ausgewiesenen Top 4-Nennungen und die in Form der „verhaltensbezogenen" Top 5-Nennungen mögliche Schwerpunkte für Betreuungs- und Präventionsansätze.

Im Punkt der inhaltlichen Ausrichtung von Gesundheitsförderungs- und Präventionsansätzen wird in dem von den maßgeblichen Spitzenverbänden erstellten Präventionsbericht nach allgemeinen und verhaltensbezogenen Interventionspunkten differenziert. Auch wenn sich zum Teil für die einzelnen Punkte: „Bewegung", „Stressreduktion/Entspannung", „Ernährung", „Stärkung psychischer Ressourcen" sowie beim „gesundheitlichen Umgang miteinander" unterschiedliche, zum Teil auch gegenläufige Trends ausgedrückt in den entsprechenden Prozentwerten zeigen, so geben dennoch die aggregierten Oberthemen Zielrichtungen vor, die in den Fokus entsprechender Leistungsangebote einfließen sollten. Hier obliegt es dann jeder einzelnen Krankenkasse, innerhalb ihrer Klientel zu forschen, welche Ansätze dort besonders nachgefragt werden könnten und damit vorrangig anzubieten sind.

Fazit und Ausblick 6

Zuletzt sollen hier die gewonnenen Aspekte zusammengeführt und mit den Befragungsergebnissen abgeglichen werden. Der Beitrag schließt mit einem Blick auf weitergehende Fragestellungen, die sich aus den Erkenntnissen ableiten lassen.

6.1 Abschließende Zusammenführung und Abgleich der Erkenntnisse

Ausgehend von den Zielen dieser Untersuchung kann für den erstgenannten Punkt „Darstellung der gesetzgeberischen Möglichkeiten, Gesundheits- und Präventionsansätze für Erwerbstätige zu etablieren", festgehalten werden, dass in Abhängigkeit vom die Maßnahme initiierenden oder aber durchführenden Sozialversicherungszweig unterschiedliche, teilweise freiwillige teilweise verpflichtende, Vorgaben und Handlungsrahmen existieren (GKV-Spitzenverband, Deutsche Gesetzliche Unfallversicherung e. V. Spitzenverband, Sozialversicherung für Landwirtschaft, Forsten und Gartenbau, Deutsche Rentenversicherung Bund sowie Verband der Privaten Krankenversicherung 2019). Entsprechende Ansätze werden gerade in der GKV wettbewerblich organisiert. Die dargestellten Möglichkeiten beziehen sich dabei auf Verhaltens- und Verhältnisprävention (als 1. und 2. Säule entsprechender Betreuungs- und Präventionsansätze). Entsprechende Aspekte werden auch von den interviewten Probanden (Themenblock I, II und teilweise III) explizit genannt.

Zum zweitgenannten Ziel „Abgleich konkreter, identifizierter Betreuungs- und Förderbedarfe und -potenziale auf Basis vorliegender Berichterstattungen" kann gesagt werden, dass es auf Ebene der GKV eine aggregierte Berichterstattung

M. Maack-Schulze et al., *Betriebliches Gesundheitsmanagement in der Entwicklung,* essentials, https://doi.org/10.1007/978-3-658-29695-7_6

über entsprechende Maßnahmen gibt. Diese Berichte stellen eine aggregierte Zusammenfassung über die Versorgungs- und Betreuungsmöglichkeiten dar. So obliegt es jedem GKV-Versicherten selbst, sofern er entsprechende Bedarfe für sich sieht, sich bei seiner Krankenkasse explizit nach individuellen Leistungsangeboten zu erkundigen. Diese können je nach Schwerpunktsetzung der Krankenkasse sehr unterschiedlich ausfallen. Eine größere Transparenz scheint es bei den Trägern der GUV bzw. der GRV zu geben, dabei ist jedoch beachten, dass die Projekte in diesen beiden Sozialversicherungszweigen explizit auf den Versicherungsfall (GUV: Arbeitsunfall, GRV: Rehabilitation/Rentenfall) abzielen.

Weiteres Ziel dieser Untersuchung war es, eine „Auswertung der soziodemografischen Merkmale der befragten Probanden" vorzunehmen. Besonders auffällig bei dieser Auswertung war, dass offenbar zu einem überwiegenden Anteil Personen mit Führungstätigkeiten befragt wurden. Diese Personen hatten in über 80 % der Fälle einen Bildungsstand, der zum Besuch einer Hochschule oder aber Universität berechtigen würde und erzielten nach eigenen Angaben mit rd. 6575,- EUR ein überdurchschnittlich hohes Bruttoeinkommen. In diesem Punkt ist die Frage aufzuwerfen, ob dieser Personenkreis überhaupt noch in allen Sozialversicherungszweigen geführt wird. Ggf. stehen also für die interviewten Probanden nicht (mehr) alle hier dargestellten Möglichkeiten, unabhängig ob diese freiwillig oder verpflichtend für Arbeitgeber oder Arbeitnehmer sind, zur Auswahl. Der von den maßgeblichen Spitzenorganisationen durchgeführten Befragung (Präventionsbericht 2018) ist eine starke Ausrichtung auf das verarbeitende Gewerbe (Top 1 Nennung mit einem Anteil von 33 %) zu erkennen (GKV-Spitzenverband sowie Medizinischer Dienst des Spitzenverbandes Bund der Krankenkassen 2018).

Für den Punkt, ob ggf. eine „Identifikation bzw. Ableitung möglicher, von den Befragten selbst praktizierter Kompensations- und Resilienzstrategien" gelingt, soll darauf hingewiesen sein, dass die interviewten Probanden durchaus nach einer Balance zwischen Privat- und Berufsleben suchen und für sich selbst auch bereits kompensierende Strategien entdeckt haben (Themenblock III und IV). Hier könnte es sich anbieten, auf solche Selbstmanagementkompetenzen und -strategien vonseiten der Kostenträger oder aber von Seiten der von den Krankenkassen beauftragten Dienstleister zurückzugreifen und diese ggf. noch stärker – so noch nicht geschehen- in entsprechende Förder- und Präventionsangebote einzubinden. Auch die im Themenblock V genannten Wünsche an die Lebensführung könnten helfen, entsprechende Angebote zu noch höheren Erfolgsquoten zu führen.

Zum letztgenannten Ziel „Abgleich der sich in den dargestellten Sozialversicherungszweigen manifestierenden Fördermöglichkeiten mit den aufgrund der

Befragung gewonnenen Ergebnissen" ist auffällig, dass keiner der Sozialversicherungszweige eine Förderung der 3. Säule (Systemprävention) vornimmt. Die Gründe dafür mögen darin liegen, dass entsprechende Förder- und Präventionsansätze allein von ihrem Nutzen für die entsprechenden Sozialversicherungsträger schwierig einzuschätzen sein werden. Auffällig ist, dass die Soziale Pflegeversicherung eigentlich keine präventiven Ansätze für Pflegekräfte vorhält. Dies ist insbesondere für den Personenkreis der pflegenden Angehörigen, die als Kompensation für ihre ambulanten Leistungen die Geldleistung, gesetzlichen Unfallversicherungsschutz im Rahmen der Pflegetätigkeit sowie ab einer definierten Einsatzstundengrenze kompensierende Entgeltpunkte für die individuellen Rentenkonten erhalten, erstaunlich. Gerade dieser, der Laienpflege zuzuordnende Personenkreis scheint nicht im Fokus zu stehen. Dabei ist auch fraglich, ob die abzurufenden, regelmäßigen Pflegeberatungstermine oder aber die Beratungen durch die Pflegestützpunkte entsprechenden präventiven Leistungscharakter innehaben. In Abgrenzung zu den Fördermöglichkeiten für Menschen mit Behinderung scheinen hier pflegende Angehörige nicht annähernd gleichgestellt zu sein, wenn in den einschlägigen Regelungen für Menschen mit Behinderung explizit und für den Arbeitgeber verpflichtend vorgesehen ist, einzugreifen, wenn längere Ausfallzeiten drohen.

6.2   Ausblick

Als Ausblick lässt sich zu den Perspektiven und Limitationen der erwerbsgruppenzentrierten Gesundheitsförderungs- und Präventionsansätze sagen, dass das Thema noch wesentlich vielschichtiger zu sein scheint, als dies auf einen ersten, flüchtigen Blick anzunehmen ist. Man kann eine vage Vorstellung entwickeln, wie viele unterschiedliche Anbieter entsprechender Dienstleistungen auf diesem polypolistischen Markt auf nicht gerade wenige Krankenkassen treffen. Und die Angebote gehen – wie gezeigt – noch weit über die gesetzliche Krankenversicherung hinaus. Eine große Anzahl sehr unterschiedlicher Betreuungs- und Förderangebote werden für eine noch größere Versichertenklientel über (fast) alle Sozialversicherungsträger konzipiert. Aus Perspektive der Versicherten dürfte es sich als herausfordernd oder zumindest mühsam darstellen, die Angebote vieler konkurrierender Krankenkassen zu durchdringen, für sich die richtigen Angebote zu identifizieren und auf den eigenen Bedarf abzustimmen. Transparenz wird dabei mutmaßlich am ehesten in Richtung der eigenen Krankenversicherung, die mit Mitbewerbern in einem Verdrängungswettbewerb steht und sich deswegen auch über solche Gesundheitsförderungs- und Präventionsansätze zu differenzieren versucht, existieren. Selbstredend muss diese Intransparenz in gleicher Weise von den Anbietern entsprechender Förder- und Präventionsdienstleistungen beherrscht werden. Hinzu kommen die im Beitrag genannten, teils obligatorischen teils fakultativen Betreuungs- und Förderangebote, die von den genannten Sozialversicherungsträgern angeboten werden. Viele Krankenkassen werden dabei nicht nur die Versicherten als Solches sondern auch die hinter den erwerbstätigen Versicherten stehenden Arbeitgeber als relevante Ansprechpartner und Kunden (wieder) entdeckt haben.

Aus den Ergebnissen der Befragung lassen sich verschiedene Trends und weitergehende Aufgaben ableiten, die hier nicht unerwähnt bleiben sollen. Betriebliche Betreuungs- und Förderangebote kommen in großer Anzahl daher, sodass davon ausgegangen werden kann, dass die Kostenträger eher ein administrativ aufwendiges Auswahlproblem denn eine tendenzielle Unterversorgung in diesem Marktsegment zu befürchten haben. Zudem zeigt sich – ggf. den soziodemografischen Merkmalen der hier ausgewählten Probanden mit einem relativ hohen Durchschnittseinkommen geschuldet – eine hohe versichertenbezogene Zahlungsbereitschaft für entsprechende Angebote. Der in den letzten Dekaden immer wieder gesundheitspolitisch geforderte Trend der Stärkung der Eigenverantwortung und das darin innewohnende Potenzial wird dieser Studie nach ggf. bislang deutlich unterschätzt. Die aktuellen aber auch zukünftigen Trends digitalisierter Anwendungen in diesem Feld gilt es ehedem in weiterführenden Studien noch einmal gesondert aufzugreifen, da sich auch hier in der Zwischenzeit besondere Services in Form von Applikationen und weiteren Ansätzen (wie Gamification, Nudging, usw.) herauskristallisieren, die zudem in das „Gesetz für eine bessere Versorgung durch Digitalisierung und Innovation" (Digitale-Versorgung-Gesetz – DVG) mündeten. Zudem würde es sich anbieten, eine solche oder ähnliche Befragung mit noch differenzierteren Merkmalen ggf. einmal bei einer einzelnen Krankenkasse durchzuführen, um dabei ggf. besser auf eine spezielle Versichertenstruktur oder aber ausgesuchte Krankheitsrisiken eingehen zu können.

Was Sie aus diesem *essential* mitnehmen können

- Eine übersichtliche Darstellung der unterschiedlichen Vorgaben und Handlungsrahmen der einzelnen Sozialversicherungssysteme
- Eine erste Auswertung und die Zusammenfassung der aus den Interviews mit den Probanden erlangten Erkenntnisse
- Interessante Hinweis auf die von den Befragten identifizierten und praktizierten Kompensations- und Resilienzstrategien
- Erkenntnisse über aktuelle Trends der betrieblichen Betreuungs- und Förderangebote

Literatur

Berger, H., & Nolten, A. (2019). Rahmenbedingungen des BGM: Gesundheitspolitische und betriebswirtschaftliche Grundlagen. In E. C. Reinfelder, R. Jahn, & S. Gingelmaier (Hrsg.), *Supervision und psychische Gesundheit* (S. 27–59). Wiesbaden: Springer Gabler.

Bortz, J., & Döring, N. (2007). *Forschungsmethoden und Evaluation für Human-und Sozialwissenschaftler: Limitierte Sonderausgabe.* Heidelberg: Springer.

Braun, P., & Nürnberg, V. (2018). Zielgruppen im Digitalen Betrieblichen Gesundheitsmanagement: „Best Practice "-Beispiele. In D. Matusiewicz & L. Kaiser (Hrsg.), *Digitales Betriebliches Gesundheitsmanagement* (S. 413–426). Wiesbaden: Springer Gabler.

DAK-Gesundheit. (2018). DAK-Gesundheitsreport, Hamburg. https://www.dak.de/dak/download/gesundheitsreport-2018-pdf-2073702.pdf. Zugegriffen: 7. Aug. 2019.

Deutsche Gesetzliche Unfallversicherung Spitzenverband. (2019). Aktuelle Projektübersicht des Fachbereichs „Gesundheit im Betrieb" (Stand: 16.07.2019). https://www.dguv.de/medien/inhalt/praevention/fachbereiche_dguv/fb-gib/projekte_fb_gib_1.pdf. Zugegriffen: 9. Aug. 2019.

Deutsche Rentenversicherung. (2019). Prävention. https://www.deutsche-rentenversicherung.de/DRV/DE/Home/home_node.html. Zugegriffen: 9. Aug. 2019.

Englert, M. (2019). People Excellence: Nachhaltige Unternehmensführung und Betriebliches Gesundheitsmanagement. In M. Englert & A. Ternès (Hrsg.), *Nachhaltiges Management* (S. 311–330). Berlin: Springer Gabler.

GKV-Spitzenverband, Deutsche Gesetzliche Unfallversicherung e. V. Spitzenverband, Sozialversicherung für Landwirtschaft, Forsten und Gartenbau, Deutsche Rentenversicherung Bund sowie Verband der Privaten Krankenversicherung. (2019). Erster Präventionsbericht nach § 20 d Abs. 4 SGB V, Berlin. https://www.gkv-spitzenverband.de/media/dokumente/krankenversicherung_1/praevention__selbsthilfe__beratung/praevention/praevention_npk/praeventionsbericht_1/NPK-Praventionsbericht_2019_WEB_barrierefrei.pdf. Zugegriffen: 6. Aug. 2019.

GKV-Spitzenverband sowie Medizinischer Dienst des Spitzenverbandes Bund der Krankenkassen. (2018). Präventionsbericht 2018, Berlin. https://www.gkv-spitzenverband.de/media/dokumente/krankenversicherung_1/praevention__selbsthilfe__beratung/praevention/praeventionsbericht/2018_GKV_MDS_Praeventionsbericht.pdf. Zugegriffen: 6. Aug. 2019.

GKV-Spitzenverband, Soziale Pflegeversicherung: GKV-Spitzenverband als Spitzenverband Bund der Pflegekassen, Deutsche Gesetzliche Unfallversicherung und Sozialversicherung für Landwirtschaft, Forsten und Gartenbau sowie Deutsche Rentenversicherung Bund. (2018). Bundesrahmenempfehlungen der Nationalen Präventionskonferenz nach §20d Abs. 3 SGB V i. d. Fassung vom 29.08.2018, Berlin. https://www. gkv-spitzenverband.de/krankenversicherung/praevention_selbsthilfe_beratung/praevention_und_bgf/npk/nationale_praeventionskonferenz.jsp. Zugegriffen: 6. Aug. 2019.

Häder, M. (2015). *Empirische Sozialforschung – Eine Einführung* (3. Aufl.). Wiesbaden: Springer.

Klein, T. (2014). Betriebliches Gesundheitsmanagement bedarfsorientiert und kostenoptimiert gestalten. In S. Hahnzog (Hrsg.), *Betriebliche Gesundheitsförderung* (S. 107–119). Wiesbaden: Springer Gabler.

Kooperationsgemeinschaft zur kassenartenübergreifenden Umsetzung von regionalen BGF-Koordinierungsstellen für die Beratung und Unterstützung von Unternehmen im Bereich der betrieblichen Gesundheitsförderung nach § 20b Abs. 3 SGB V (KoopG Bund nach § 20 b Abs. 3 SGB V). (2019). BGF-Koordinierungsstelle. https://www.bgf-koordinierungsstelle.de/. Zugegriffen: 9. Aug. 2019.

Lange, J. (2019). *Feel Good Management – Anforderungen und Aufgabengebiete*. Berlin: Springer Gabler.

Loosen, B. (2018). Führungsaufgaben und Führungsherausforderungen im digitalen BGM. In D. Matusiewicz & L. Kaiser (Hrsg.), *Digitales Betriebliches Gesundheitsmanagement* (S. 253–261). Wiesbaden: Springer Gabler.

Petzi, M. (2016). Kattwinkel S Betriebliches Gesundheitsmanagement und Betriebliche Gesundheitsförderung. In M. Petzi & S. Kattwinkel (Hrsg.), *Das Gesunde Unternehmen zwischen Utopie und Dystopie* (S. 7–12). Wiesbaden: Springer-Gabler.

Runde, B., & Tenberge, E. (2016). Gesundheitsmanagement im Krankenhaus – auf dem Weg zu einem Good-Practice-Modell. In M. A. Pfannstiel & H. Mehlich (Hrsg.), *Betriebliches Gesundheitsmanagement* (S. 213–227). Wiesbaden: Springer Gabler.

Ruppi-Lang, G. (2018). Resiliente Unternehmenskultur durch Betriebliches Gesundheitsmanagement. In J. Herget & H. Strobl (Hrsg.), *Unternehmenskultur in der Praxis* (S. 327–341). Wiesbaden: Springer Gabler.

Schaff, A. (2018). Digitales BGM-controlling 2.0: Online, mobil und intelligent. In D. Matusiewicz & L. Kaiser (Hrsg.), *Digitales Betriebliches Gesundheitsmanagement* (S. 171–186). Wiesbaden: Springer Gabler.

Scholz, A., Singh, U., Ghadiri, A., & Peters, T. (2018). Nachhaltiges betriebliches Gesundheitsmanagement – Empfehlungen für die Implementierung in der Praxis. In A. Gadatsch, H. Ihne, J. Monhemius, & D. Schreiber (Hrsg.), *Nachhaltiges Wirtschaften im digitalen Zeitalter* (S. 345–356). Wiesbaden: Springer Gabler.

Walter U. Qualitätsentwicklung durch Standardisierung – Am Beispiel des Betrieblichen Gesundheitsmanagements (Dissertation: Universität Bielefeld). https://pub.uni-bielefeld.de/download/2306620/2306623. Zugegriffen: 7. Aug. 2019.